Inhalt

Global Compact

Kernthesen

Beitrag

Fallbeispiele

Weiterführende Literatur

Impressum

GENIOS WirtschaftsWissen Nr. 08/2003 vom 18.08.2003

Global Compact

I.Zeilhofer-Ficker

Kernthesen

- Der Global Compact wurde vor drei Jahren von 50 Unternehmen ins Leben gerufen, beruhend auf einem entsprechenden Vorschlag von Kofi Annan auf dem Weltwirtschaftsforum 1999 in Davos.
- Mit Unterzeichnung dieses globalen Paktes verpflichten sich die Unternehmen zur freiwilligen Einhaltung von 9 Prinzipien der Unternehmensethik, wovon sich drei auf Umweltbelange beziehen.
- Bis Juli 2003 haben sich über 1200 Unternehmen weltweit dem Global Compact angeschlossen.
- Vielen NGOs ist die freiwillige Selbstverpflichtung nicht genug: sie fordern weltweit rechtlich verbindliche Normen und

Sanktionsmöglichkeiten.
- Befürworter des Global Compact sehen aber gerade die Freiwilligkeit und Selbstverpflichtung als Erfolgsgarant für die Etablierung weltweiter Standards für den Umweltschutz und die Achtung der Menschenrechte.

Beitrag

Historie

Während des Weltwirtschaftsforums 1999 in Davos regte Kofi Annan an, dass sich weltweit agierende Unternehmen einer Selbstverpflichtung zur Einhaltung von gewissen Umweltstandards sowie der Achtung von Menschenrechten und Arbeitsnormen unterwerfen sollen. Unverzüglich wurde dieser Gedanke aufgenommen und bereits im Juli 2000 hatten 50 Konzerne aus aller Welt 9 Prinzipien erarbeitet und unterzeichneten den Global Compact. (1)

Im Juli 2003 war die Anzahl der Unternehmen auf über 1200 weltweit angewachsen, davon 19 deutsche Konzerne, 15 in der Schweiz und 4 in Österreich. Zu den Teilnehmern gehören namhafte Gesellschaften

wie beispielsweise die Allianz-Gruppe, BASF, Bayer, BMW, Daimler-Chrysler, Deutsche Telekom, Lufthansa und SAP. Über die Hälfte der Teilnehmerfirmen sind allerdings in Entwicklungsländern angesiedelt, was darauf schließen lässt, dass hier der Einhaltung von Umweltstandards, Arbeitsvorschriften und Menschenrechten seitens der entsprechenden Behörden und Regierungen keine so wichtige Bedeutung zukommt.
(http://www.unglobalcompact.org)

Die gesellschaftliche Verantwortung von Unternehmen, umweltgerechtes Verhalten sowie ethische Grundsätze erfreuen sich heutzutage wachsender Bedeutung. Das neudeutsche Schlagwort "Corporate Social Responsibility" (CSR) ist in aller Munde und eine Studie in Österreich hat ergeben, dass sich 75 Prozent aller befragten Industriebetriebe an einem eigenen Wertesystem orientieren. (2)

Der Umweltaspekt wird leider als noch nicht so wichtig erachtet: nur 25 Prozent der Befragten sehen die Stärkung des Umweltbewusstseins als sehr wichtige Aufgabe an. (2)

Umso erfreulicher ist es, dass den Umweltproblemen in den Prinzipien des Global Compact eine überaus gewichtige Rolle zukommt. 3 der 9 formulierten

Leitlinien befassen sich mit Aspekten der Umwelt. (3)

Was ist der Global Compact

Die neun Prinzipien des Global Compact

Ein Konzern, der den Global Compact unterzeichnet, verpflichtet sich, die folgenden 9 ethischen Grundsätze zu achten: (3)

1. Im Einflussbereich des Unternehmens werden die internationalen Menschenrechte unterstützt.

2. Es wird sicher gestellt, dass sich das Unternehmen nicht an Menschenrechtsverletzungen beteiligt.

3. Das Unternehmen wahrt die Vertragsfreiheit und erkennt das Recht zu Kollektivverhandlungen an.

4. Jede Art von Zwangsarbeit wird abgeschafft.

5. Im Unternehmen ist Kinderarbeit nicht erlaubt.

6. Jegliche Diskriminierung bei der Anstellung und

Beschäftigung wird beseitigt.

7. Das Unternehmen unterstützt einen vorsorgenden Ansatz beim Umgang mit Umweltproblemen.

8. Maßnahmen werden eingeleitet, die der Förderung einer größeren Verantwortung gegenüber der Umwelt dienen.

9. Auf die Entwicklung und Verbreitung von umweltfreundlichen Technologien wird hingewirkt.

Der globale Pakt setzt dabei ausschließlich auf die Freiwilligkeit der Selbstverpflichtung und sieht keine Sanktionen wie Ausschlüsse oder Bussgelder vor.

Die Organisation des Global Compact

Zentrum des Global Compact ist das UN-Generalsekretariat, bei dem auch das heute elf Mitarbeiter zählende Global Compact Office angesiedelt ist. Dazu kommt das im Januar 2002 gegründete Advisory Council, ein 17- bzw. 20 köpfiger Beirat, der für die Weiterentwicklung und kritische Kommentierung des GC verantwortlich ist. Fünf UN-Agenturen, namentlich die UNEP (UN-Umweltprogramme), die OHCHR (Menschenrechte), die ILO (internationale Gewerkschaftsorganisation), die UNDP (UN-Entwicklungsprogramme) sowie die UNIDO (industrielle Entwicklung) spielen eine wichtige Rolle in der Kernorganisation des Global Compact. (4)

Diese Kernorganisation wird unterstützt von einem weltweiten Netzwerk aus Vertretern aller betroffenen Beteiligten: Regierungsvertretern, partizipierenden Unternehmen, Gewerkschaftsvertretern sowie stellvertretend für die Zivilgesellschaft eine Vielzahl von so genannten NGOs (Nichtregierungsorganisationen) wie beispielsweise dem World Wide Fund for Nature (WWF) oder Amnesty International. (4), (5)

Dazu kommen viele lokale Netzwerke, die sich in regelmäßigen Treffen austauschen und neue Projektideen entwickeln. Die deutschen Unterzeichner haben zum Beispiel den Kreis "German Friends of the Global Compact" gegründet, in dem ein regelmäßiger Erfahrungsaustausch stattfindet. (1)

Zielsetzung des Global Compact

Der Global Compact versteht sich als Instrument

politischen Ausgleichs, nicht als Regulierungsinstrument, und nimmt deshalb Abstand von jeglichen Überwachungs- oder Durchsetzungsmaßnahmen. Die Zielsetzung ist vielmehr die Schaffung einer Plattform für politische Dialoge, Erfahrungsaustausch, Entwicklung und Bekanntmachung von "Good Practices" sowie als Anstoss für zielführende Projekte. Der Global Compact ist also eine Lernplattform, auf die auch Nicht-Teilnehmer zurückgreifen können. (4)

Die grundlegende Idee für die Schaffung des Global Compacts ist, Wirtschaftsführer der ganzen Welt für den Aufbau und die Einhaltung von sozialen und ökologischen Grundsätzen zu gewinnen, damit sich die Globalisierung zum Wohle aller Menschen entwickelt. (1)

Eine zentrale Rolle spielt die Freiwilligkeit. Man baut sehr auf das System der Selbstverpflichtung, das ja beispielsweise in den USA mit der Einführung von Sozialleistungen auf freiwilliger Basis während der Zeit der Industrialisierung ein ausgezeichnetes geschichtliches Beispiel hat. (6)

Der Global Compact auf dem

Prüfstand

Vor allem den NGOs geht der Global Compact nicht weit genug. Immer wieder werden Beispiele von Firmen angeführt, die die Umwelt nicht nur ausbeuten, sondern sie auch in großem Maße verschmutzen und zerstören. Man kritisiert das Fehlen von Sanktionen und führt an, dass noch nie ein Konzern vom Global Compact ausgeschlossen worden sei.

Einige NGOs, zum Beispiel die Schweizer Pro Natura, fordern deshalb die Präzisierung einiger der Grundsätze, eine Überwachung der angeschlossenen Firmen sowie Sanktionsmechanismen. Dabei gehen die Vorschläge bis zur Ausdehnung der Befugnisse des internationalen Strafgerichtshofes zur Ahndung von Verstössen gegen den Pakt. (4), (7)

Kritisiert wird auch eine zu geringe Vernetzung des GC mit anderen Initiativen der UN, speziell einem Richtlinienentwurf für menschenrechtskonformes Unternehmensverhalten. Dieser Entwurf bezieht im Gegensatz zum GC alle Unternehmen ein und sieht für Verstösse einen Entschädigungsanspruch von eventuellen Opfern vor. Die Verfasser sehen in diesem Entwurf eine Ergänzung und Konkretisierung des GC und fordern daher eine umfassendere Vernetzung der beiden Initiativen. (4)

Trotz aller Kritik hält die Organisation des Global Compact daran fest, dass der GC nie als regulatorisches Werk beabsichtigt war, sondern als Brücke zwischen der UN und den multinationalen Wirtschaftsunternehmen fungiert. Gerade die Freiwilligkeit und Selbstverpflichtung werden als wichtige Erfolgsgaranten angesehen. (4)

Natürlich wird man dadurch nicht verhindern, dass einige "schwarze Schafe" die Umwelt gewissenlos verschmutzen oder ausbeuten oder gegen die Menschenrechte verstossen. Es sollte aber Sache der zuständigen lokalen Regierung und Jurisdiktion bleiben, diese Vergehen zu ahnden. Der Versuch, den GC zu einer Regulierungsbehörde umzufunktionieren, ist deshalb sehr skeptisch zu betrachten. (4)

Auseinander setzen muss man sich aber mit der Frage, was mit Konzernen geschehen soll, die den Global Compact zwar unterzeichnet haben, aber nachweisbar gegen die Prinzipien verstossen. Da von so einer Handlung die Integrität des gesamten Paktes gefährdet werden kann, muss man angemessene Massnahmen entwickeln, um weitergehende Kritik und womöglich Ablehnung zu verhindern. (4)

Fallbeispiele

Die teilnehmenden Konzerne werden nicht nur vom Global-Compact-Netzwerk unterstützt, auch unabhängige Organisationen helfen durch wissenschaftliche Arbeiten:

In Deutschland werden zum Beispiel die Aktivitäten der Global-Compact-Unternehmen wissenschaftlich vom "Stuttgart Institut of Management and Technology" (SIMT) begleitet. Ein erstes Fallbeispiel zum GC wird zurzeit zusammen mit Daimler-Chrysler erarbeitet. (9)

Die Stiftung "In the Spirit of Davos" arbeitet an einem Projekt, das die "Corporate Social Responsibility am Beispiel des Global Compact" untersucht. (10)

Hier einige Beispiele für Unternehmensprojekte im Rahmen des Global Compact:

In der pakistanischen Niederlassung der Puma AG gibt es ein eigenes Büro, das dafür Sorge trägt, dass keine Jugendlichen unter 15 Jahren beschäftigt werden und jeder Mitarbeiter mindestens 1 Tag pro Woche frei hat. (1)

Die Bayer AG entwickelt zusammen mit einer

Initiative der Weltgesundheitsorganisation ein Malaria-Medikament zu einem Preis, der so niedrig ist, dass er auch für Entwicklungsländer akzeptabel ist. (1)

Beim Versicherungskonzern Gerling werden Tiertransporte nur dann versichert, wenn alle gesetzlichen Vorschriften auch eingehalten werden. Ethisch nicht tragbare Geschäfte werden grundsätzlich abgelehnt. (1)

Die österreichische OMV, die Anfang 2003 als erster österreichischer Konzern den Global Compact unterzeichnet hat, sieht den GC als Instrument für professionelles, nachhaltiges Management. Der zusätzlich resultierende Imagegewinn wird nur als erfreuliche Nebensache angesehen. (11)

Weiterführende Literatur

(1) Freutel, Aziza, Kein Fußball aus Kinderhand, Kölner Stadtanzeiger, 01.05.2003
aus Handelsblatt Nr. 076 vom 21.04.09 Seite 8

(2) Wertesysteme beliebt Vorbildfunktion der Geschäftsführung ist von zentraler Bedeutung
aus WirtschaftsBlatt, 19.07.2003, Nr. 1914, S. A23

(3) Prinzipien der Unternehmensethik, Kölner

Stadtanzeiger, 01.05.2003
aus WirtschaftsBlatt, 19.07.2003, Nr. 1914, S. A23

(4) Multis in der Pflicht - Der Globale Pakt der UN auf dem Prüfstand
aus Internationale Politik, Heft 7/2003, S. 45-52

(5) Gygi, Beat, Anhaltende Hochsaison für NGOs - In der internationalen Politik machen nicht die normalen Bürger die "Zivilgesellschaft" aus, NZZ am Sonntag, 29.06.2003, Nr. 26, S. 50
aus Internationale Politik, Heft 7/2003, S. 45-52

(6) Können sich Weltkonzerne selbst regulieren?
aus Neue Zürcher Zeitung, 25.01.2003, Nr. 20, S. 19

(7) Völkerrechtliche Pflichten für Unternehmen Forderung von Umwelt- und Entwicklungsorganisationen
aus Neue Zürcher Zeitung, 29.04.2003, Nr. 98, S. 14

(8) Frey, Bruno S., Globalisierung ohne Weltregierung - Warum Ökonomen für die Globalisierung sind, Neue Zürcher Zeitung, 24.05.03, Nr. 119, S. 85
aus Neue Zürcher Zeitung, 24.05.2003, Nr. 119, S. 85

(9) Das schwäbische Harvard
aus Frankfurter Allgemeine Zeitung, 15.03.2003, Nr. 63, S. 55

(10) "In the Spirit of Davos" als unabhängige Dialogplattform
aus Neue Zürcher Zeitung, 11.06.2003, Nr. 132, S. 15

(11) Wer die Karten offen legt VA Tech legt ihren Nachhaltigkeitsbericht für das abgelaufene Jahr vor
aus WirtschaftsBlatt, 23.04.2003, Nr. 1855, S. A23

Impressum

Global Compact

Bibliografische Information der deutschen Nationalbibliothek

Die Deutsche Nationalbibliothek verzeichnet diese Publikation in der deutschen Nationalbibliografie; detaillierte bibliografische Daten sind im Internet über http://dnb.d-nb.de abrufbar.

ISBN: 978-3-7379-1431-4

© 2015 GBI-Genios Deutsche Wirtschaftsdatenbank GmbH, Freischützstraße 96, 81927 München, www.genios.de

Alle Rechte vorbehalten. Dieses Werk ist einschließlich aller seiner Teile – z.B. Texte, Tabellen und Grafiken - urheberrechtlich geschützt. Jede Verwertung außerhalb der Grenzen des Urheberrechtsgesetzes bedarf der vorherigen Zustimmung des Verlags. Dies gilt insbesondere auch für auszugsweise Nachdrucke, fotomechanische Vervielfältigungen (Fotokopie/Mikroskopie), Übersetzungen, Auswertungen durch Datenbanken oder ähnliche Einrichtungen und die Einspeicherung und Verarbeitung in elektronischen Systemen.